만화로 만나는 논어

공자

안 될 줄 알면서 하는 사람

제작에 도움을 주신 분들

심우회(염준태, 이정재)
김권환 김근호 김정용 김지섭 김진영
김태석 김해성 문영란 박경심 박광준
박수형 박종영 손정예 송은범 유은경
이석근 이시헌 이택용 장경순 장혜진
정효권 채태식 최노림 한명훈

만화로 만나는 논어
공자 안 될 줄 알면서 하는 사람

초판 1쇄 2016년 8월 23일

글 · 그림 김경일 ● 감수 임종수 ● 펴낸이 김기창
표지 정신영 ● 본문 최은경
인쇄 및 제본 천광인쇄사

펴낸곳 도서출판 문사철
주소 서울 종로구 명륜동 2가 4번지 아남A 상가동 2층 2호
전화 02 741 7719 ● 팩스 0303 0300 7719
홈페이지 www.lihiphi.com ● 전자우편 lihiphi@lihiphi.com
출판등록 제300-2008-40호

ISBN 979 11 86853 18 4 (07140)

※ 값은 뒤표지에 있습니다.

만화로 만나는 논어

공자
안 될 줄 알면서 하는 사람

글·그림 김경일
감수 임종수

도서출판문사철

차례

등장인물	6
공자의 주유천하 지도	10
길 잃은 세계	13
자공, 스승을 만나다	19
공자, 길을 찾아 나서다	37
세상 속에서	107
세상과의 불화	189
새로운 출발 그리고 좌절	267
유랑과 시련의 세월	345
공자, 고국으로 돌아오다	487
만화에 나오는 논어 구절	542
참고 문헌	557
작가의 말	558
감수의 말	561
약력	564

등장인물

공자(기원전 551–479)

주공
이름은 단(旦). 주나라 문왕의 아들이고 무왕의 동생. 무왕의 아들 성왕을 보좌하여 주나라의 도덕, 문화, 제도를 확립했다. 또 자신은 노나라에 봉해져 노나라의 시조가 되었다. 공자는 일생 주공을 닮고자 했다.

안회(안연, 기원전 521–490)
노나라 사람으로 성은 안(顔), 이름은 회(回). 자는 자연(子淵). 공자보다 30세 아래. 29세에 이미 백발이 되었고, 30세(혹은 40세)에 죽었다고 한다. 오래 살았더라면 공자의 사상을 이어갔을 인물. 안타깝게 삼십 대에 요절. 외유내강형의 전형으로 덕행에 널리 알려졌다. 공자로부터 호학(好學)이란 평가도 들을 만큼 학문과 덕행에 두루 이름이 높았다. 후에 복성안자(復聖顔子)로 칭해졌다.

자공(기원전 520–456?)
위나라 사람으로 성은 단목(端木), 이름은 사(賜). 자는 자공(子貢). 탁월한 언변과 외교수행능력과 경제력을 갖춘 멋진 사내. 공자 사후 6년 상을 지내 사제의 도리를 지킨 깊이마저 간직한 인물. 『논어』에 36차례 최다 등장하여 문일지십(聞一知十) 등 많은 사자성어를 낳은 장본인.

자로(기원전 542–480)
노나라 사람으로 성은 중(仲), 이름은 유(由). 자는 자로 또는 계로(季路). 공자보다 9세 아래로 공문에서 가장 맏형에 속한다. 공자의 꾸지람도 많이 받았지만, 무인(武人)형의 인물로 의리와 용맹으로 공자를 곁에서 지켰다. 공자의 보디가드와 같은 인물. 만년에 위나라 내전에서 사망했다.

증삼(기원전 505–435)
노나라 사람으로 성은 증(曾), 자는 자여(子輿). 공자보다 46세 아래다. 『논어』에 증자로 나오는 것을 보면 그의 제자들이 『논어』 편집에 참여했음을 짐작할 수 있다. 죽을 때에 부모에게 물려받은 몸의 보존에 마음을 써서 훗날 효를 중시한 인물로 그려진다. 그래선지 후에 저작 여부와 무관하게 『효경』의 저자로 알려진다. 공자로부터는 둔하다는 평가를 받았지만 날마다 자신을 성찰하는 삶을 살려고 노력했다.

자장(기원전 503?-?)

진나라 사람으로 성은 전손(顓孫), 이름은 사(師). 자장(子張)은 자. 공자보다 48세 아래다. 외모가 빼어났던 미남자로 적극적이고 진취적인 성격의 소유자. 어려운 일을 잘 해내고 뛰어난 재능을 가졌지만 성실함이 부족하고 행동이 지나치며 한쪽으로 치우쳐 있다고 평가된다. 『논어』「자장」편에 자장의 말이 많이 실려 있다.

재여(재아, 기원전 522-458)

노나라 사람으로 성은 재(宰), 이름은 여(予). 자는 자아(子我).
공문에서 언어에 뛰어났다고 평가받은 인물. 다만 그 재주가 상황에 적절하게 활용되지 못했는지 공자의 꾸중을 많이 받았다. 공자가 재여 때문에 자신의 사람 보는 눈을 바꾸었다고 했다. 낮잠을 자다 혼나고, 삼년상이 길다고 해 사람답지 못하다는 평을 들었다.

염구(기원전 522-489?)

노나라 사람으로 성은 염(冉), 이름은 구(求), 또는 유(有). 자는 자유(子有).
정사(政事)에 뛰어났다. 공자는 염구가 앞에 나서서 자기주장을 잘 하지 않지만 다재다능한 인물로 정치 실무에 어려움이 없을 것이라고 평가했다. 그러나 스스로 능력의 한계를 짓는다라는 비판도 받았다. 계씨의 재(宰)가 된 후 전횡에 제동을 걸지 못한 채 오히려 협력해 재산을 더 불려주자 공자가 호되게 질책한 일이 있다.

남자

송나라 사람. 위령공의 부인으로 매력 넘치는 여인. 남자는 위령공에게 시집가기 전부터 송나라 공자(公子)인 송조(宋朝)와 통하고, 비가 되고서도 송조를 곁으로 불러냈다. 공자가 남자와 면회하자 자로는 불만스레 여겼다.

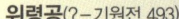

위령공(?-기원전 493)

위나라 군주. 양공(襄公)의 아들로 기원전 534년 군위에 올랐다. 그의 재위 기간 중 망명해 온 공자를 받아들여 후대했다. 만년에 그의 부인 남자(南子)와 태자 괴외(蒯聵)가 서로 틈이 벌어져 괴외가 남자의 살해를 시도, 미수에 그치고 송나라로 도망친 사건이 일어났다. 이 때문에 위나라 공실에 내란이 발생했다. 42년간 재위.

제경공(기원전 547-487)

제나라 군주. 제나라 대부 최저가 그 군주 장공을 시해해 세운 군주. 안영에게 도움을 받아 58년간 재위. 안영과 함께 노나라에 와서 공자를 만나기도 했다. 그러나 인민에게 가혹하고, 자신은 음란한 정치를 행해, 그의 사후 내란이 일어나, 공위(公位)를 진씨(陳氏)에게 빼앗겼다.

계평자(?-기원전 505)

노나라 대부. 계손씨의 5대손. 소공 10년(기원전 532)에 경(卿)이 되어 전횡을 행사했다. 때문에 다른 대부의 원망을 사 대부들은 소공과 함께 계평자를 치려고 했지만 계평자는 숙손씨의 지원군을 얻어 소공은 25년(기원전 517)에 제나라로 망명했다. 소공이 제나라에서 죽자 이후 7년간 노나라 최고 권력자로 군림했다. 노나라 정공 5년(기원전 505)에 동야(東野)를 순시하다 돌아오는 길에 죽었다.

계환자(?-기원전492)

노나라 대부. 계손씨의 6대손. 기원전 505년 대부가 되었는데, 신하인 양화에게 협박당하고, 기원전 498년 공산불요에게 배신당했다. 정치를 향한 정열을 갖고 있고, 공자를 등용하려고 했다. 한편, 제나라로부터 여악(女樂, 음악과 무용에 뛰어난 여성) 80인을 받아들여 3일간 조정의 정치를 게을리 하자, 실망한 공자가 노나라를 떠났다. 그때 후회할 줄 알았던 양심을 가진 인물이기도 하다.

계강자(?-477)

노나라 대부. 계손씨의 7대손. 아버지 계환자를 이어 대부가 되었다. 공자의 문인 염구, 자공, 자로, 번지 등을 임용, 또 염구를 통해 공자를 초빙하려고 했다. 정치에 관해 공자에게 네 번 질문했다. 공자는 계강자에게 자기수양을 권했다.

안평중(?-기원전 500)

제나라 대부. 영공, 장공, 경공 등 3대에 관리를 지냈고, 검약과 실천궁행으로 이름 높았던 충신. 공자가 제나라에서 벼슬하는 것을 방해했다고 전해진다. 정나라 자산과 함께 공자에게 영향을 미쳤고, 공자로부터 오래 교제해도 사람들이 공경했던 인물이라고 평가되었다.

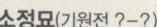

소정묘(기원전 ?-?)

노나라 대부. 언변이 탁월하고 많은 이들의 인정을 받음. 정치에 혼란을 가져왔다는 죄로 공자가 대사구가 된지 7일 만에 처형당함.

공산불요(기원전 ?-?)

성은 공산, 이름은 불요. 불뉴라고도 한다. 노나라 계씨의 가신으로 계씨의 영지 비(費)의 관리를 지냈지만 양화와 가까이 하여 함께 반란을 일으켜 공자를 초빙했고, 공자도 그 초빙에 응하려고 했다.

양화(양호, 기원전 ?-?)
노나라 대부. 권세가 막강. 삼환을 멸하려고 했지만, 거꾸로 맹의자에게 공격당해, 제나라에서 송, 진(晉)으로 도망쳤다. 공자가 양화와 용모가 비슷하다고 오해받아 광(匡) 땅에서 포위된 적도 있다.

노소공(기원전 ?-?)
노나라 25대 군주. 노나라 양공의 서자. 19세에 즉위했다. 대부 계평자를 성토하려다 실패, 제나라로 망명. 후에 기원전 517년, 진(晉)으로 망명하여 건후(乾侯)가 되었다가 52세에 죽었다.

노정공(기원전 ?-495)
노나라 26대 군주. 이름은 송(宋). 양공(襄公)의 아들. 소공(昭公)의 아우. 기원전 509-495년까지 재위. 재위기간에 공자를 중도재(中都宰), 사공(司空), 대사구(大司寇) 등으로 중용했다.

노애공(기원전 ?-468)
노나라 27대 군주. 기원전 494년에 즉위. 27년간 재위. 이름은 장(蔣). 10세에 즉위해 월(越)나라의 힘을 빌려 삼환(三桓)의 전횡을 막으려다 실패해 주(邾, 노나라의 속국으로 후의 추국[鄒國])을 거쳐 월나라로 도망쳤다. 후에 노나라에 돌아왔지만 곧 죽고 만다.

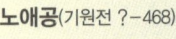

환퇴(기원전 ?-?)
제환공의 자손. 군대의 장관인 사마가 되어 사마환퇴라고도 한다. 송나라 경공에게 중용되었고, 후에 반목. 환퇴는 송나라에서 위나라로 도망갔고, 제나라 진성자에게 구조되어 그를 도왔다. 공자가 송나라에서 문인들과 큰 나무 아래에서 예를 익혔을 때, 환퇴는 공자를 죽이려고 큰 나무를 뽑아내었다. 공자가 "환퇴가 나를 어떻게 하겠는가"라고 한 것은 이때이다. 기원전 495년 또는 기원전 492년의 일로 여겨진다.

거백옥(기원전 ?-?)
위나라 대부. 거(蘧)는 성, 이름은 원(瑗), 백옥(伯玉)은 자. 공자 당시에 존경받던 현자로 위나라의 중신. 공자가 위나라에 있을 때 거백옥의 집에 머물며 신세를 졌다. 늘 과오를 줄이려고 노력한 인물로 관직 출사와 처신을 분명히 해 공자가 군자답다고 칭송했다.

공자의 주유천하 지도

노(魯) ①→ 제(齊) ②→ 노(魯) ③→ 위(衛) ④→
광(匡)땅 ⑤→ 위(衛) ⑥→ 조(曹) ⑦→ 송(宋) ⑧→
정(鄭) ⑨→ 진(陳) ⑩→ 채(蔡) ⑪→
초(楚)의 섭(葉)땅 ⑫→ 위(衛) ⑬→ 노(魯)

서융

견융

길 잃은 세계

* 존왕양이: 주왕실을 받들고 오랑캐를 물리친다.

자공, 스승을 만나다

* 관학: 주나라 천자나 각 제후국이 만든 학교. 귀족자제들을 교육시키며 후계자 양성을 목표로 함.

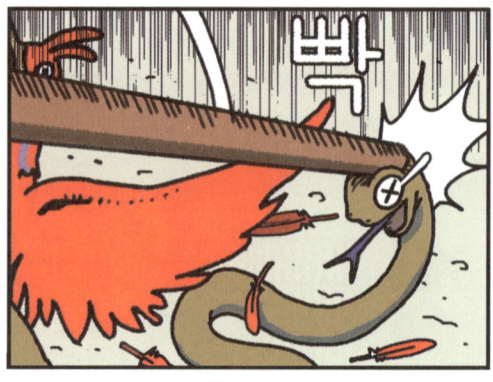

1 『논어』「술이」6

² 『논어』「위령공」 38, 「술이」 7
속수: 육포 한 다발

*천명: 하늘의 의지와 명령. 만물은 하늘이 낳은 것이므로 모두 하늘의 지배를 받는다는 관념

* 읍재(邑宰) : 고을을 다스리는 관리

공자, 길을 찾아 나서다

*제기: 제사드릴 때 쓰는 그릇

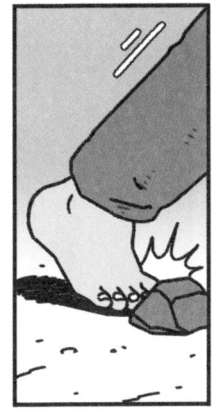

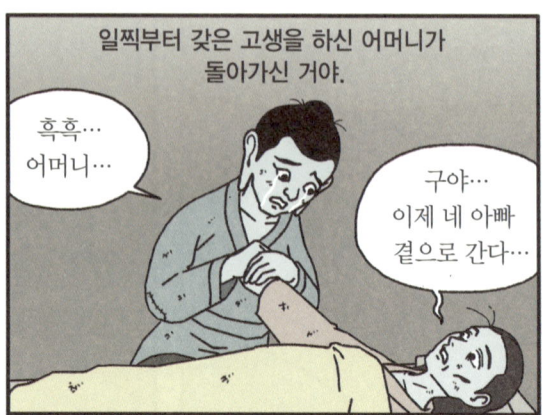

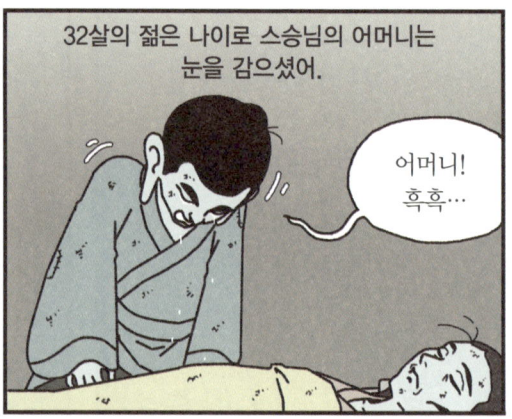

* 합장: 단독장과 대조되는 말로 여러 사람의 시체를 한 무덤에 묻음. 또는 그런 장사. 흔히 남편과 아내를 한 무덤에 묻는 경우를 이른다.

* 계씨라고도 한다. 당시 대부 계층인 계, 숙, 맹씨의 삼환 세력이 노나라를 장악하고 있었는데, 그 중 계씨의 세력이 가장 컸다.

[3] 『논어』 「위령공」 28

*육예: 중국 주대의 교육과목으로 전해지는 6가지의 기예로 이는 각각 예학(예의범절), 악학(음악), 궁시(활쏘기), 마술(말타기 또는 마차몰기), 서예(붓글씨), 산학(수학)에 해당한다고 여겨진다.

[4] 『논어』 「이인」 5

5 『논어』「이인」3

* 사마천, 『사기』「공자세가」 孔子曰(공자왈) 政在節財(정재절재)

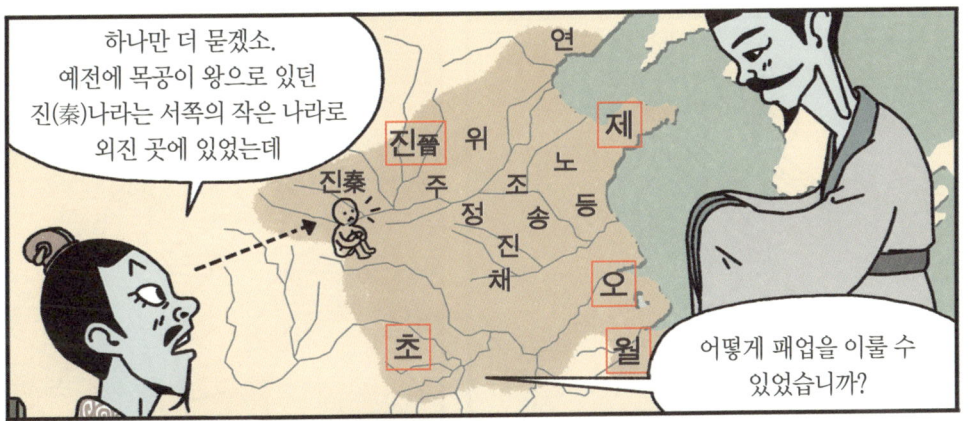
■ 춘추시대의 영역   □ 춘추 5패

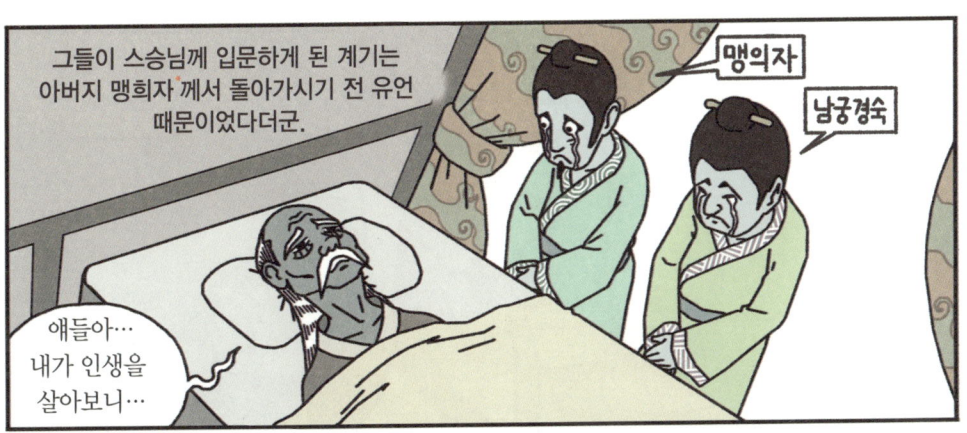

[6] 「논어」 「요왈」
* 맹희자: 노나라의 실권 귀족인 계숙맹씨 중 한 명
** 노소공: 당시 노나라의 군주

*노담: 노자

[7] 『논어』 「위령공」 17

* 주공: 주나라를 세운 문왕의 아들이자, 그 다음 왕인 무왕의 동생. 무왕과 그의 아들 성왕을 도와 주왕조의 기초를 확립하였고 또한 예악과 법도를 제정하여 주왕실 특유의 제도문물을 창시하였다. 공자가 가장 존경한 인물.

세상 속에서

* 당시 제사는 전쟁 못지않게 중요한 국가 대사였다. 주나라 천자는 팔일무(악공 64명), 각 제후는 육일무(악공 36명), 그 밑의 대부는 사일무(악공 16명)를 지내도록 정해져 있었다.

8 『논어』「팔일」1

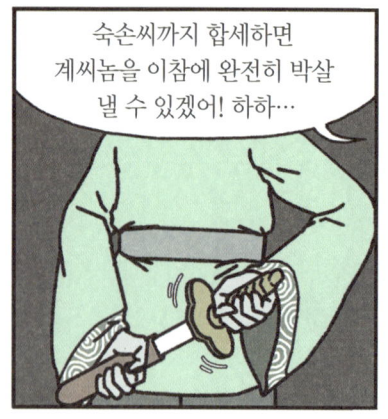

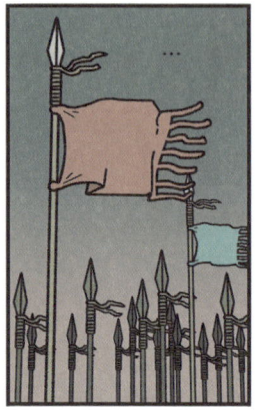

[9] 『논어』「술이」8

[10] 『논어』 「공야장」 9

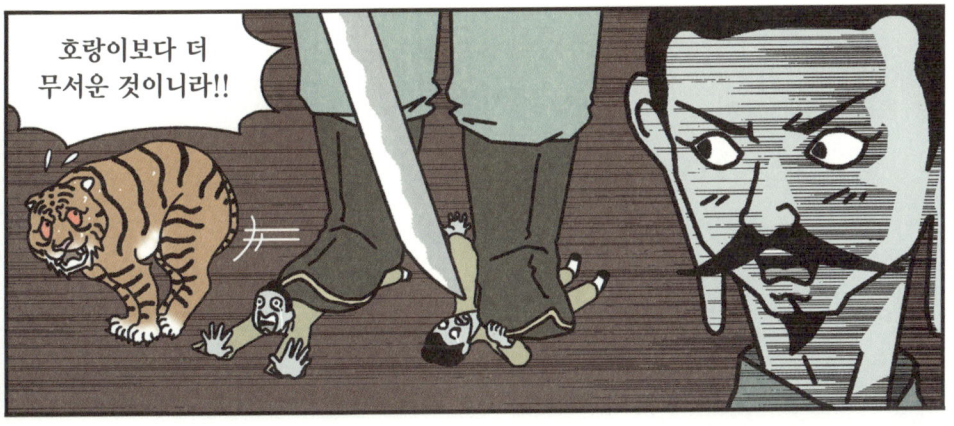

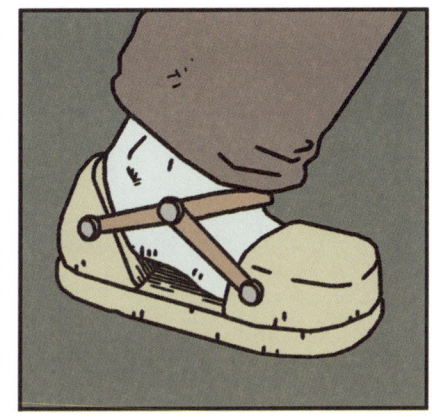

* 월형: 뒤꿈치를 자르는 형벌
** 용: 월형을 당한 이들이 신도록 특수제작한 신발

[11] 『논어』「안연」11

[13] 『논어』 「술이」 13
[14] 『논어』 「자로」 23

15 『논어』 「미자」 3

16 『논어』「공야장」 16
17 『논어』「학이」 16

[18] 『논어』 「계씨」 10

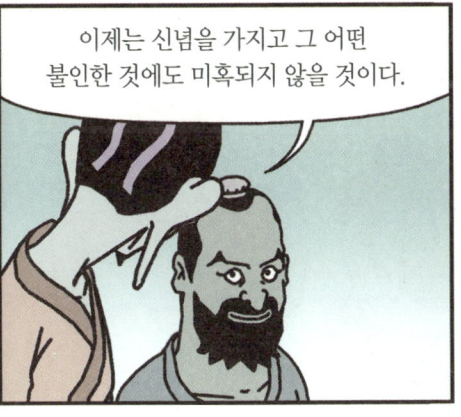 

『맹자』「진심」상: 登泰山而小天下(등태산이소천하)

[19] 『논어』「팔일」 3
[20] 『논어』「이인」 26

21 『논어』「공야장」 11

세상과의 불화

22 『논어』「양화」1

이제 관직에 나가시렵니까?

그래야지.
때가 된 듯 하구나.

하지만 저 자에겐…

가지 않겠다!

여기까지가 스승님께 일어났던 일이라네.
그 사이 양화의 시달림에 계평자가 죽고,
아들 계환자가 자리를 이었지.

[23] 『논어』 「팔일」 16

[24] 『논어』 「계씨」 13

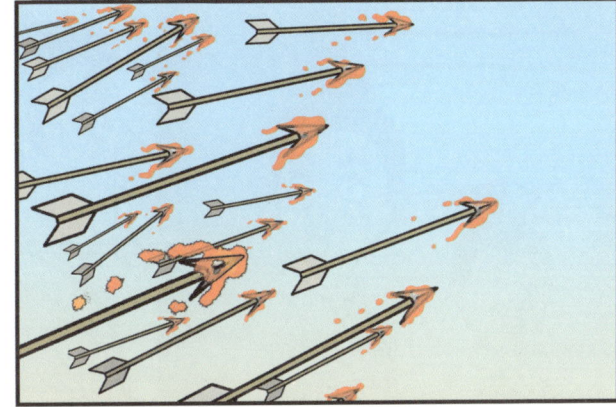

* 노나라 지역인 축구(祝丘)

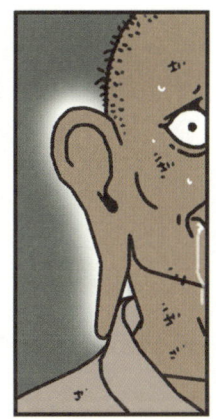

* 공실: 왕의 궁

25 『논어』 「양화」 5

새로운 출발 그리고 좌절

토호: 어느 한 지방에 오랫동안 살면서 양반을 쥐고 흔들만큼 세력있는 사람. 호족이라고도 함.

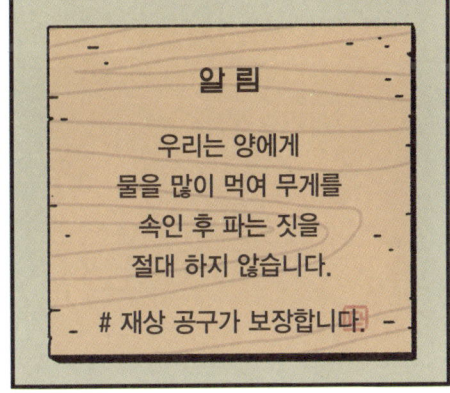

* 사공: 토지, 토목, 건설을 담당한 관리

* 대사구: 법과 형벌을 담당한 관리

[26] 『논어』 「술이」 33

[27] 『논어』「이인」 10
* 이 문장은 원래 『맹자』에 나오는 맹자의 말이다.

*도당: 불순한 사람의 무리

26 『논어』「위정」3

* 회맹: 중국에서 주로 제후간(諸侯間)에 맺어지는 회합과 맹약 또는 그때 행해지는 의식

문양(汶陽): 원래 노나라 땅이었으나 제나라에게 빼앗긴 지역.

[29] 『논어』「자로」 1

[30] 『논어』 「양화」 23

*삼성: 노나라의 삼환들이 지배하고 있는 성. 비읍(계), 후읍(숙), 성읍(맹)

곡부: 노나라의 수도

불길하다…

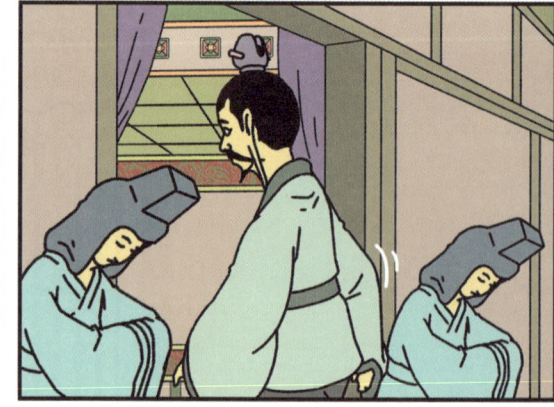

[31] 『논어』「헌문」38

32 『논어』「자한」 17

33 『논어』 「공야장」 6

[34] 『논어』「자로」 7

35 「논어」 「자한」 28

유랑과 시련의 세월

[36] 『논어』 「자로」 9

37 「논어」 「자한」

38 『논어』 「위령공」 1

39 『논어』「자한」 26

[40] 『논어』 「헌문」 42

[41] 『논어』 「옹야」 18
[42] 『논어』 「위정」 9

43 『논어』「자한」 19
44 『논어』「공야장」 8

[45] 『논어』 「공야장」 3 (호련: 종묘, 제사에 쓰이는 옥으로 장식한 화려하고 귀중한 그릇)
[46] 『논어』 「위정」 12

47 『논어』「자한」 5

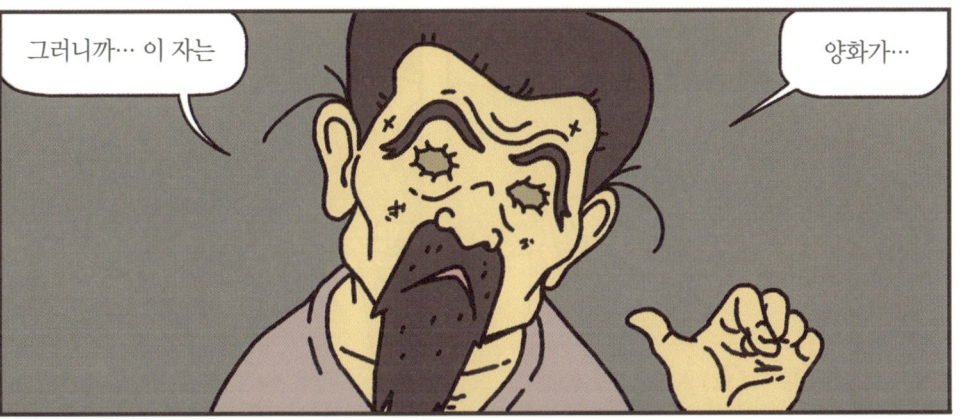

[48] 『논어』「선진」 22

[49] 『논어』 「위령공」 6

[50] 『논어』 「헌문」 26

[51] 『논어』「자로」 26

[52] 『논어』 「팔일」 13

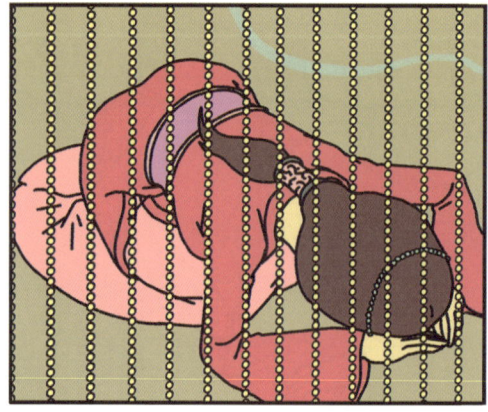

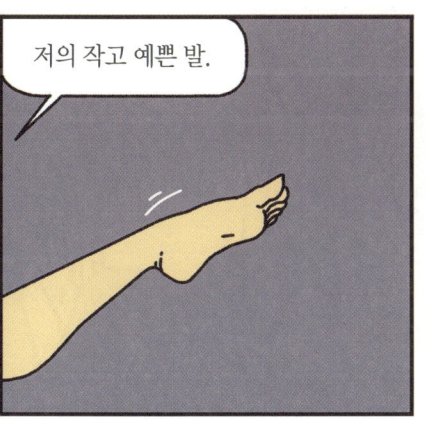

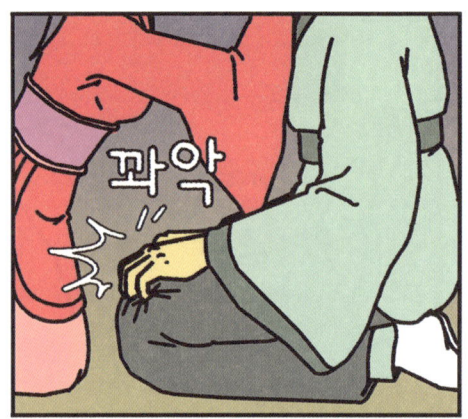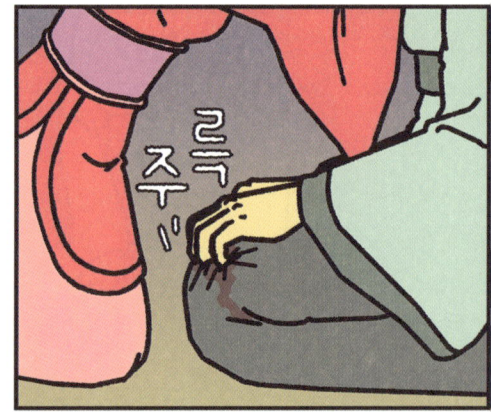

[53] 『논어』 「이인」 23

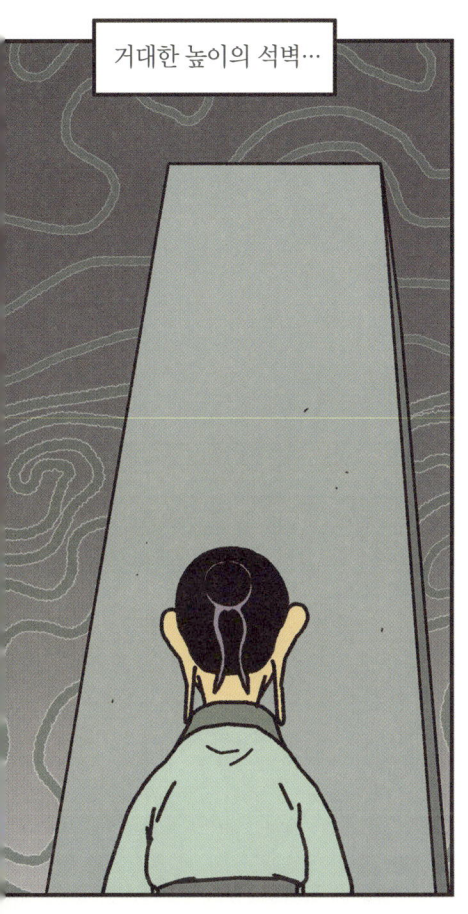

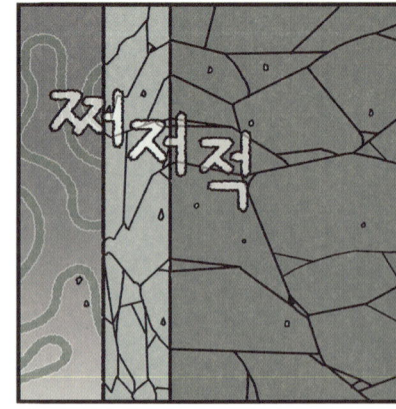

[54]「논어」「옹야」 26

55 『논어』「위령공」 12

* 사성: 건설을 맡고있는 관리

[56] 『논어』 「위정」 17
[57] 『논어』 「위령공」 29

58 『논어』 「술이」 22

[59] 『논어』 「위정」 4

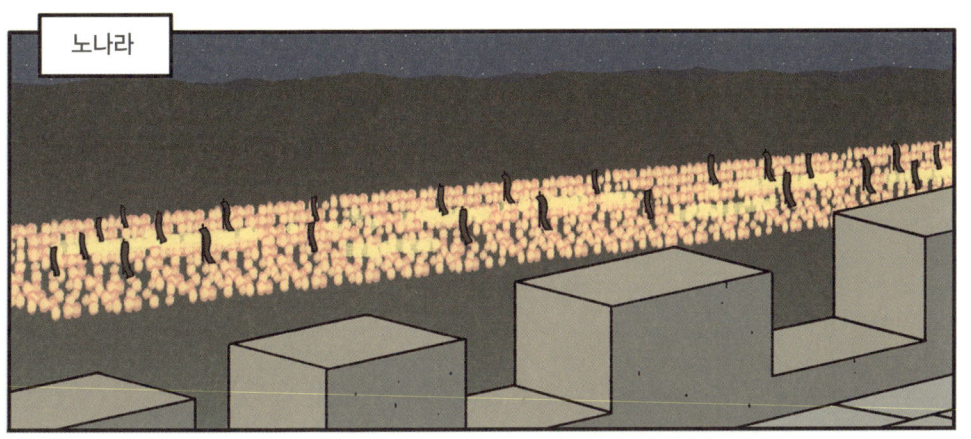

60 「논어」「공야장」 21

61 『논어』 「양화」 7

[62] 『논어』 「위령공」 1

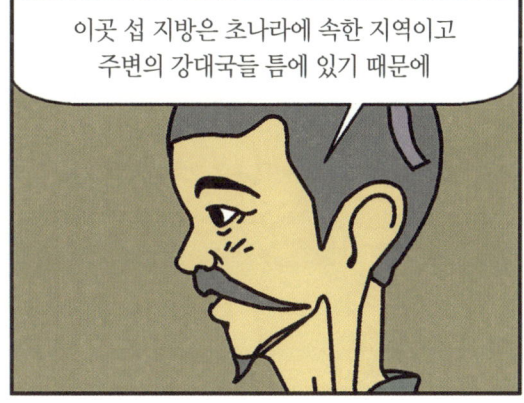

63 『논어』「자로」 16

64 『논어』「자로」 18

65 「논어」「헌문」 41

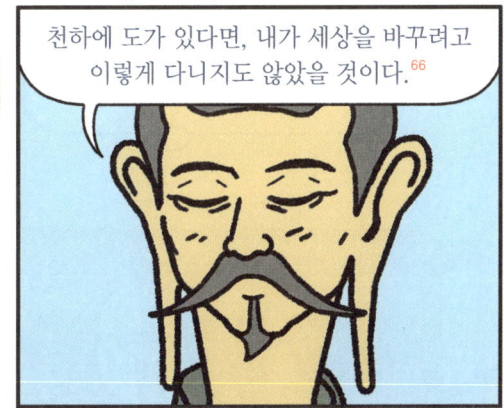

66 「논어」 「미자」 6

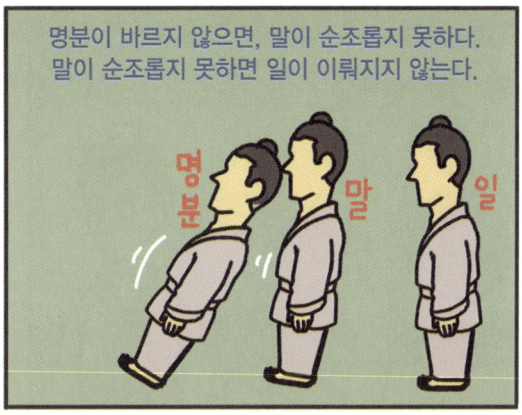

67 『논어』「자로」 3

공자, 고국으로 돌아오다

[68] 『논어』「위정」 19

69 『논어』 「위정」 1

[70] 『논어』 「안연」 17

[71] 『논어』「안연」 18

[72] 『논어』「안연」 19

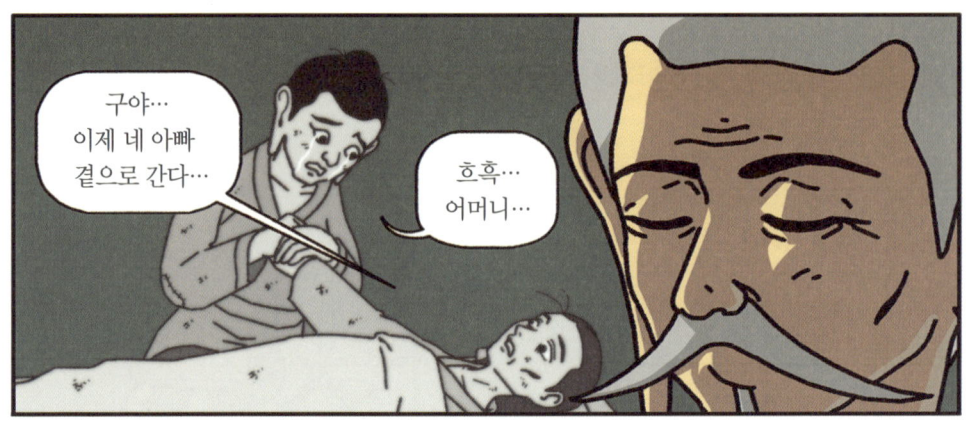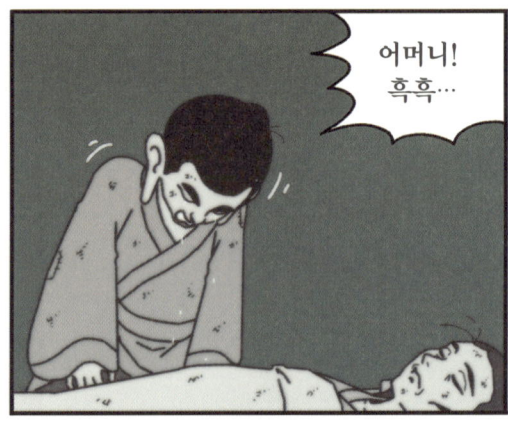

73 「논어」「옹야」 9

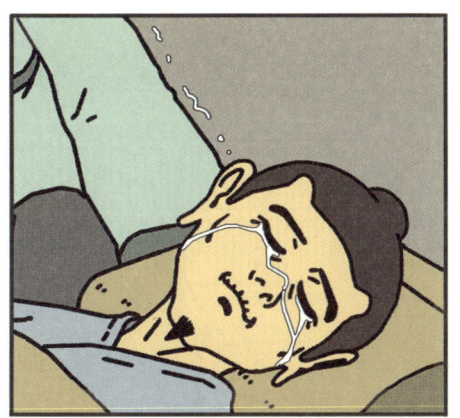

74 『논어』「헌문」 22

75 「논어」「선진」 8

[76] 『논어』「안연」 7

[77] 『논어』 「선진」 11

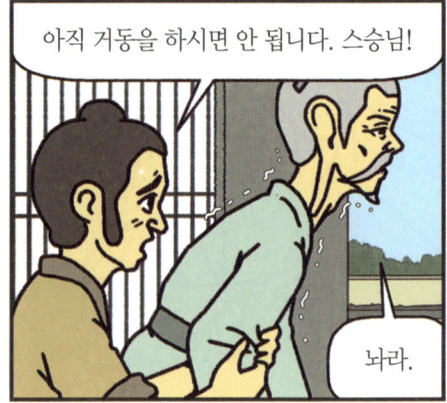

[78] 『논어』 「자한」 16

79 『논어』「술이」 5

[80] 『논어』 「위정」 4

[81] 『논어』「이인」 8

눈을 감으셨다.

만화에 나온 논어 구절

1. 『논어』「술이」 6

子曰 志於道 據於德 依於仁 游於藝
자 왈 지어도 거어덕 의어인 유어예

공자가 말했다. "도에 뜻을 두고, 덕에 근거를 두며, 인에 의지하고, 예에서 노닌다."

2. 『논어』「위령공」 38

子曰 有敎無類
자 왈 유교무류

공자가 말했다. "가르침에 구별하는 일은 없다."

『논어』「술이」 7

子曰 自行束脩以上 吾未嘗無誨焉
자 왈 자행 속 수 이 상 오 미 상 무 회 언

공자가 말했다. "육포 한 묶음 이상의 예를 행한 사람에게는 내가 가르쳐 주지 않은 일이 없었다."

3. 『논어』「위령공」 28

子曰 衆惡之 必察焉 衆好之 必察焉
자 왈 중오지 필찰언 중호지 필찰언

공자가 말했다. "뭇사람이 그를 미워한다고 하더라도 반드시 살펴보아야 하고, 뭇사람이 그를 좋아한다고 하더라도 반드시 살펴보아야 한다."

4. 『논어』「이인」 5

子曰 富與貴 是人之所欲也
자 왈 부여귀 시인지소욕야

不以其道得之 不處也 貧與賤
불 이 기 도 득 지 불 처 야 빈 여 천

是人之所惡也 不以其道得之 不去也
시인지소오야 불이기도득지 불거야

君子去仁 惡乎成名
군 자 거 인 오 호 성 명

君子無終食之間違仁 造次必於是
군 자 무 종 식 지 간 위 인 조 차 필 어 시

顚沛必於是
전 패 필 어 시

공자가 말했다. "부와 귀, 이것은 사람들이 바라는 것이다. 그러나 정당한 도리로 그것을 얻지 않았다면 거기에 살지 않는다. 그리고 빈과 천, 이것은 사람들이 싫어하는 것이다. 그런데 정당한 도리로 그것을 얻지 않았다고 하더라도, 거기에서 떠나지 않는다. 군자가 인에서 떠난다면, 어디에서 이름을 이루겠느냐? 군자는 한 끼 식사를 마칠 동안에도 인에서 떠나지 않는다. 돌발적인 사태가 일어날 경우에도 반드시 인에 있어야 하고, 발을 헛디디어 엎어질 때에도 반드시 인에 있어야 한다."

5. 『논어』「이인」 3

子曰 惟仁者 能好人 能惡人
자 왈 유인자 능호인 능오인

공자가 말했다. "오직 어진 사람만이 사람을 좋아할 수 있고, 사람을 미워할 수 있다."

6. 『논어』「요왈」 3

不知禮 無以立也
부지례 무이립야

예를 알지 못하면 자립할 수가 없다.

7. 『논어』「위령공」 17

子曰 君子義以爲質 禮以行之
자왈 군자의이위질 예이행지

孫以出之 信以成之 君子哉
손이출지 신이성지 군자재

공자가 말했다. "군자는 의를 바탕으로 한다. 예에 맞게 행하고 겸손하게 표현하며 믿음으로 완성하니, 군자답구나!"

8. 『논어』「팔일」 1

孔子謂季氏 八佾舞於庭 是可忍也
공자위계씨 팔일무어정 시가인야

孰不可忍也
숙불가인야

공자가 계씨를 평했다. "(그는) 뜰에서 팔일무를 추게 하였다. 이 일을 참을 수 있다면, 어떤 일을 참을 수 없겠는가?"

9. 『논어』「술이」 8

子曰 不憤不啓 不悱不發 擧一隅
자왈 불분불계 불비불발 거일우

不以三隅反 則不復也
불이삼우반 즉불부야

공자가 말했다. "의문을 가져 번민하지 않으면 입을 열어서 가르쳐주지 않고, 말하고 싶은 것을 가지고 있으면서도 말로 표현하지 못할 정도가 아니면 인도해주지 않으며, 한 모퉁이를 들어 주었는데 그것으로 세 모퉁이를 유추해내지 못한다면, 되풀이해주지 않는다."

10. 『논어』「공야장」 9

宰予晝寢 子曰 朽木不可雕也
재여주침 자왈 후목불가조야

糞土之墻 不可杇也 於予與何誅
분토지장 불가오야 어여여하주

子曰 始吾於人也 聽其言 而信其行
자왈 시오어인야 청기언 이신기행

今吾於人也 聽其言 而觀其行
금오어인야 청기언 이관기행

於予與改是
어여여개시

재여가 낮에 잠을 잤다. 그러자 공자가 말했다. "썩은 나무는 아로새길 수 없고, 더러운 흙으로 만든 담은 흙손질 할 수 없다. 그러니 여에게 무엇을 나무라겠는가?"
공자가 말했다. "일찍이 나는 사람에 대하여, 그의 말을 들으면 그의 행실을 믿었다. 그러나 이제부터 나는 사람에 대하여, 그의 말을 듣더라도 그의 행동을 살펴볼 것이다. 나는 재여 때문에 사람 보는 법을 바꾸게 되었다."

11. 『논어』「안연」 11

齊景公問政於孔子 孔子對曰 君君
제경공문정어공자 공자대왈 군군

臣臣 父父 子子
신신 부부 자자

제경공이 공자에게 정치에 대해서 물어보자, 공자가 대답했다. "임금은 임금답고, 신하는 신하다우며, 아버지는 아버지답고, 자식은 자식다운 것입니다."

12. 15.『논어』「미자」 3

齊景公待孔子曰 若季氏則吾不能
제 경 공 대 공 자 왈   약 계 씨 즉 오 불 능
以季孟之間待之 曰 吾老矣 不能用也
이 계 맹 지 간 대 지   왈 오 노 의   불 능 용 야
孔子行
공 자 행

제경공이 공자의 대우에 대해 말했다. "계씨처럼 내가 대우해줄 수는 없다. 계씨와 맹씨의 중간으로 그를 대우하겠다." 잠시 뒤에 다시 말했다. "나는 늙었다. 등용할 수 없다." 그러자 공자가 제나라를 떠났다.

13.『논어』「술이」 13

子在齊聞韶 三月不知肉味
자 재 제 문 소   삼 월 부 지 육 미
曰 不圖爲樂之至於斯也
왈 부 도 위 악 지 지 어 사 야

공자가 제나라에 있을 때, 소악을 듣고 배우는 석 달 동안이나 고기 맛을 알지 못했다. 공자가 말했다. "음악이 이런 경지에까지 이를 줄은 생각하지 못했다."

14.『논어』「자로」 23

子曰 君子和而不同 小人同而不和
자 왈   군 자 화 이 부 동   소 인 동 이 불 화

공자가 말했다. "군자는 조화롭게 지내며 부화뇌동하지 않는다. 그러나 소인은 부화뇌동하며 조화롭게 지내지 못한다."

16.『논어』「공야장」 16

子曰 晏平仲善與人交 久而敬之
자 왈   안 평 중 선 여 인 교   구 이 경 지

"안평중은 사람들과 잘 사귀었다. 오래 될수록 사람들이 그를 공경했다."

17.『논어』「학이」 16

子曰 不患人之不己知 患不知人也
자 왈   불 환 인 지 불 기 지   환 부 지 인 야

공자가 말했다. "남이 자기를 알아주지 않는 것을 근심하지 않고, 남을 알지 못하는 것을 근심한다."

18.『논어』「계씨」 10

孔子曰 君子有九思 視思明 聽思聰
공 자 왈   군 자 유 구 사   시 사 명   청 사 총
色思溫 貌思恭 言思忠 事思敬 疑思問
색 사 온   모 사 공   언 사 충   사 사 경   의 사 문
忿思難 見得思義
분 사 난   견 득 사 의

공자가 말했다. "군자에게는 아홉 가지 생각하는 것이 있다. 볼 때는 분명할 것을 생각하고, 들을 때는 귀가 밝을 것을 생각하며, 얼굴빛은 따뜻할 것을 생각하고, 모습은 공손할 것을 생각하며, 말은 충실할 것을 생각한다. 그리고 일을 행할 때는 공경할 것을 생각하고, 의심스러운 것은 물을 것을 생각하며, 성이 났을 때에는 어려움을 겪을 것을 생각하고, 이익을 보면 의를 생각한다."

19.『논어』「팔일」 3

子曰 人而不仁 如禮何 人而不仁
자 왈   인 이 불 인   여 례 하   인 이 불 인
如樂何
여 악 하

공자가 말했다. "사람으로서 어질지 않다면, 예가 무슨 소용이 있겠느냐? 사람으로서 어질지 않다면, 음악이 무슨 소용이 있겠느냐?"

20. 『논어』「이인」 26

子游曰 事君數 斯辱矣 朋友數
자유왈 사군삭 사욕의 붕우삭

斯疏矣
사소의

자유가 말했다. "임금을 섬길 때, 자주 간언하면 욕을 당하게 되고, 벗과 사귈 때, 자주 충고하면 멀어지게 된다."

21. 『논어』「공야장」 11

子貢曰 我不欲人之加諸我也
자공왈 아불욕인지가저아야

吾亦欲無加諸人 子曰 賜也
오역욕무가저인 자왈 사야

非爾所及也
비이소급야

자공이 말했다. "저는 다른 사람이 저에게 어떤 일을 억지로 가하기를 바라지 않습니다. 그리고 저 또한 다른 사람에게 어떤 일을 억지로 가하고 싶지 않습니다." 공자가 말했다. "사야! 네가 미칠 바가 아니다."

22. 『논어』「양화」 1

陽貨欲見孔子 孔子不見 歸孔子豚
양화욕현공자 공자불견 귀공자돈

孔子時其亡而往拜之 遇諸途
공자시기무이왕배지 우저도

謂孔子曰 來 予與爾言
위공자왈 래 여여이언

曰 懷其寶而迷其邦 可謂仁乎 曰
왈 회기보이미기방 가위인호 왈

不可 好從事而亟失時 可謂知乎 曰
불가 호종사이기실시 가위지호 왈

不可 日月逝矣 歲不我與 孔子曰 諾
불가 일월서의 세불아여 공자왈 낙

吾將仕矣
오장사의

양화가 공자를 뵙고 싶어했다. 그러나 공자가 만나주지 않자, 공자에게 새끼 돼지를 보냈다. 이에 공자가 그가 없을 때를 엿보아, 가서 그에게 절을 하려고 했다. 그런데 가다가 길에서 그를 만났다. 양화가 공자에게 말했다. "오십시오. 나는 당신과 말하고 싶습니다."
양화가 말했다. "보배를 품고 있으면서 나라를 혼란시키는 것은 어질다고 할 수 있습니까?" 공자가 말했다. "어질다고 할 수 없습니다."
양화가 말했다. "벼슬하기를 좋아하면서도 번번이 때를 잃는 것은 지혜롭다고 할 수 있습니까?" 공자가 말했다. "지혜롭다고 할 수 없습니다."
양화가 말했다. "시간은 지나갑니다. 그리고 세월은 우리와 함께 해주지 않습니다."
공자가 말했다. "예. 나는 장차 벼슬을 할 것입니다."

23. 『논어』「팔일」 16

子曰 射不主皮 爲力不同科 古之道也
자왈 사부주피 위력부동과 고지도야

공자가 말했다. "활쏘기는 과녁을 뚫는 것을 주로 하지 않았다. 힘이 같지 않았기 때문이다. 이것이 옛날의 도이다."

24. 『논어』「계씨」 13

陳亢問於伯魚曰 子亦有異聞乎
진항문어백어왈 자역유이문호

對曰 未也 嘗獨立 鯉趨而過庭 曰
대왈 미야 상독립 리추이과정 왈

學詩乎 對曰 未也 不學詩 無以言
학시호 대왈 미야 불학시 무이언

鯉退而學詩 他日又獨立 鯉趨而過庭
리퇴이학시 타일우독립 리추이과정

曰 學禮乎 對曰 未也 不學禮 無以立
왈 학례호 대왈 미야 불학례 무이립

鯉退而學禮 聞斯二者
리퇴이학례 문사이자

陳亢退而喜曰 聞一得三 聞詩 聞禮
진항퇴이희왈 문일득삼 문시 문례

又聞君子之遠其子也
우문군자지원기자야

진항이 백어에게 물었다. "당신은 혹시 남달리 들은 것이 있었습니까?" 백어가 대답했다. "없었습니다. 일찍이 홀로 서 계실 때, 제가 빨리 걸어 뜰을 지나갔습니다. 그러자 『시경』을 공부했느냐?'라고 하셨습니다. 제가 '아직 공부하지 못했습니다'라고 하였더니, 『시경』을 공부하지 않으면, 말을 할 수 없다'고 하셨습니다. 그래서 저는 물러가서 『시경』을 공부했습니다. 다른 날 또 홀로 서 계셨습니다. 그래서 저는 빨리 걸어 뜰을 지나갔습니다. 그러자 '예를 공부했느냐?'라고 하셨습니다. '아직 공부하지 못했습니다'라고 하였더니, '예를 공부하지 않으면 설 수가 없다'고 하셨습니다. 그래서 저는 물러가서 예를 공부했습니다. 들은 것은 이 두 가지입니다."

진항은 물러나와 기뻐하며 말했다. "하나를 물어서 셋을 깨달았다. 『시경』을 들었고, 예를 들었으며, 또 군자가 자기 자식을 멀리한다는 것을 들었다."

25. 『논어』 「양화」 5

公山弗擾以費畔 召 子欲往
공산불요이비반 소 자욕왕

子路不說曰 末之也已
자로불열왈 말지야이

何必公山氏之之也 子曰
하필공산씨지지야 자왈

夫召我者而豈徒哉 如有用我者
부소아자이기도재 여유용아자

吾其爲東周乎
오기위동주호

공산불요가 비읍을 점거해 반란을 일으키고, 공자를 초빙했다. 그런데 그에게로 가려고 하자, 자로는 기뻐하지 않으며 말했다. "가실 일이 없으시다면 그만 두십시오. 어찌하여 꼭 공산씨에게 가시려 합니까?"
공자가 말했다. "나를 초빙한 사람이다. 그런데 어찌 헛되이 나를 초빙했겠는가? 만약 나를 써주는 사람이 있다면, 나는 반드시 동주로 만들 것이다."

26. 『논어』 「술이」 33

子曰 若聖與仁 則吾豈敢 抑爲之不厭
자왈 약성여인 즉오기감 억위지불염

誨人不倦 則可謂云爾已矣 公西華曰
회인불권 즉가위운이이의 공서화왈

正唯弟子不能學也
정유제자불능학야

공자가 말했다. "성이나 인과 같은 것을 내가 어찌 감히 바라겠는가? 그러나 배우면서 싫증 내지 않는 것과, 남들을 가르쳐 주는 것을 게을리 하지 않았다는 말할 수 있다."
공서화가 말했다. "바로 이 점이 참으로 저희 제자들이 배울 수 없는 것입니다."

27. 『논어』 「이인」 10

子曰 君子之於天下也 無適也 無莫也
자왈 군자지어천하야 무적야 무막야

義之與比
의지여비

공자가 말했다. "군자는 천하에 그래야 하는 것도 없고, 그래서는 안 되는 것도 없다. 의를 함께 하고 가까이할 뿐이다."

28. 『논어』「위정」 3

子曰 道之以政 齊之以刑 民免而無恥
자왈 도지이정 제지이형 민면이무치

道之以德 齊之以禮 有恥且格
도지이덕 제지이례 유치차격

공자가 말했다. "백성들을 법규로써 이끌고, 이를 따르지 않는 이가 있으면 그들을 형벌로써 가지런히 한다면, 백성들은 형벌을 면하려고 할 뿐 부끄러움이 없게 될 것이다. 그러나 백성들을 덕으로 이끌고 그들을 예로써 가지런히 한다면, 백성들에게는 부끄러움이 생기고 또 그들의 마음도 바르게 될 것이다."

29. 『논어』「자로」 1

子路問政 子曰 先之勞之 請益 曰
자로문정 자왈 선지로지 청익 왈

無倦
무권

자로가 정치에 대해 묻자 공자가 말했다. "솔선하고 수고해야 한다."
더 말씀해주실 것을 부탁드리자, 공자가 말했다. "게을리 하지 마라."

30. 『논어』「양화」 23

子路曰 君子尙勇乎 子曰
자로왈 군자상용호 자왈

君子義以爲上 君子有勇而無義爲亂
군자의이위상 군자유용이무의위란

小人有勇而無義爲盜
소인유용이무의위도

자로가 말했다. "군자는 용기를 숭상합니까?"
공자가 말했다. "군자는 의로움을 최상으로 여긴다.
군자가 용기가 있으면서 의로움이 없으면 어지러움을 만들고, 소인이 용기가 있으면서 의로움이 없으면 도둑질을 한다."

31. 『논어』「헌문」 38

公伯寮愬子路於季孫 子服景伯以告曰
공백료소자로어계손 자복경백이고왈

夫子固有惑志於公伯寮
부자고유혹지어공백료

吾力猶能肆諸市朝 子曰
오력유능사저시조 자왈

道之將行也與 命也 道之將廢也與
도지장행야여 명야 도지장폐야여

命也 公伯寮其如命何
명야 공백료기여명하

공백료(노나라 대부 계손의 가신)가 계손에게 자로를 헐뜯자, 자복경백(노나라 대부)이 이것을 말했다.
"선생님께서는 참으로 공백료의 말에 동요하는 마음이 있으십니다. 그런데 저의 힘은 그를 죽여서 저자나 조정에 버릴 수가 있습니다."
공자가 말했다. "도가 장차 행해지게 되는 것도 운명이고, 도가 장차 무너지게 되는 것도 운명이다. 공백료가 운명을 어떻게 하겠느냐?"

32. 『논어』「자한」 17

子曰 吾未見好德如好色者也
자왈 오미견호덕여호색자야

공자가 말했다. "나는 아직까지 덕을 좋아하는 것을 여색을 좋아하는 것과 같이 하는 사람을 본 적이 없다."

33. 『논어』「공야장」 6

子曰 道不行 乘桴浮于海
자왈 도불행 승부부우해

從我者 其由與 子路聞之喜 子曰
종아자 기유여 자로문지희 자왈

由也好勇過我 無所取材
유 야 호 용 과 아 무 소 취 재

공자가 말했다. "도가 행해지지 않아서 뗏목을 타고 바다로 떠나간다면, 나를 따를 사람은 아마도 유일 것이다." 자로가 그 말을 듣고 기뻐하자, 공자가 말했다. "유야! 너는 용기를 좋아함이 나를 능가하지만 사리를 헤아려 의에 맞게 하지 못하는구나!"

34. 『논어』「자로」7

子曰 魯衛之政 兄弟也
자 왈 노 위 지 정 형 제 야

공자가 말했다. "노나라와 위나라의 정치는 형제같다."

35. 『논어』「자한」28

子曰 知者不惑 仁者不憂 勇者不懼
자 왈 지 자 불 혹 인 자 불 우 용 자 불 구

공자가 말했다. "지혜로운 사람은 의혹을 가지지 않고, 어진 사람은 근심하지 않으며, 용감한 사람은 두려워하지 않는다."

36. 『논어』「자로」9

子適衛 冉有僕 子曰 庶矣哉 冉有曰
자 적 위 염 유 복 자 왈 서 의 재 염 유 왈
旣庶矣 又何加焉 曰 富之 曰 旣富矣
기 서 의 우 하 가 언 왈 부 지 왈 기 부 의
又何加焉 曰 敎之
우 하 가 언 왈 교 지

공자가 위나라로 가는데, 염유가 말을 몰았다. 공자가 말했다. "인구가 많구나!"
염유가 말했다. "이미 많아졌으면, 다시 무엇을 더해주어야 하겠습니까?"
공자가 말했다. "그들을 부유하게 만드는 것이다."
염유가 말했다. "이미 부유해졌으면, 다시 무엇을 더해주어야 하겠습니까?"
공자가 말했다. "그들을 가르치는 것이다."

37, 39. 『논어』「자한」26

子曰 衣敝縕袍 與衣狐貉者立
자 왈 의 폐 온 포 여 의 호 학 자 립
而不恥者 其由也與 不忮不求
이 불 치 자 기 유 야 여 불 기 불 구
何用不臧 子路終身誦之 子曰 是道也
하 용 부 장 자 로 종 신 송 지 자 왈 시 도 야
何足以臧
하 족 이 장

공자가 말했다. "헤진 옷을 입고서 화려한 외투를 입은 이와 함께 서서도 부끄러워하지 않을 사람은 유일 것이다."
"남을 해치지 않고 남에게 바라지 않는다면, 어찌 선하지 않겠는가?"
자로는 이 말을 죽을 때까지 외우려고 하였다. 그러자 공자가 말했다. "이 도를 어찌하여 충분히 좋다고 할 수 있겠는가?"

38. 『논어』「위령공」1

衛靈公問陳於孔子 孔子對曰
위 령 공 문 진 어 공 자 공 자 대 왈
俎豆之事 則嘗聞之矣 軍旅之事
조 두 지 사 즉 상 문 지 의 군 려 지 사
未之學也 明日遂行
미 지 학 야 명 일 수 행

위령공이 공자에게 진을 치는 일에 대하여 물어보았다. 공자가 대답했다. "의식에 관한 일은 일찍이 들어 알고 있으나, 군대 일은 아직 배우지 못했습니다."
다음날 마침내 떠났다.

40. 『논어』 「헌문」 42

子擊磬於衛 有荷蕢而過孔氏之門者
자격경어위 유하궤이과공씨지문자

曰 有心哉 擊磬乎 旣而曰 鄙哉
왈 유심재 격경호 기이왈 비재

硜硜乎 莫己知也 斯己而已矣 深則厲
경경호 막기지야 사이이이의 심즉려

淺則揭 子曰 果哉 末之難矣
천즉게 자왈 과재 말지난의

공자가 위나라에서 경을 연주하고 있었는데, 삼태기를 짊어지고 공자 댁 문을 지나가는 사람이 있었다. 그가 말했다. "천하에 마음을 두고 있구나! 저 경소리는."
그리고 잠시 있다가 말했다. "비루하다! 경소리가. 자기를 알아주지 않는다고 한다면 그뿐이다.
'깊으면 옷을 입은 채로 건너고, 얕으면 옷을 걷는 것이다.'"
공자가 말했다. "과감하구나! 그리 살면 어려움이 없겠구나!"

41. 『논어』 「옹야」 18

子曰 知之者不如好之者
자왈 지지자불여호지자

好之者不如樂之者
호지자불여낙지자

공자가 말했다. "아는 것은 좋아하는 것만 못하고, 좋아하는 것은 즐기는 것만 못하다."

42. 『논어』 「위정」 9

子曰 吾與回言終日 不違如愚
자왈 오여회언종일 불위여우

退而省其私 亦足以發 回也不愚
퇴이성기사 역족이발 회야불우

공자가 말했다. "내가 회와 종일토록 이야기를 하였는데, 내 말을 어기지 않아 어리석은 줄 알았다. 그런데 그가 물러나, 홀로 지내는 것을 살펴보았더니, 또한 내가 이야기했던 것을 충분히 드러내어 실천하고 있었다. 회는 어리석지 않구나."

43. 『논어』 「자한」 19

子曰 語之而不惰者 其回也與
자왈 어지이불타자 기회야여

공자가 말했다. "그에게 말해 주었을 때, 게으름을 피우지 않는 사람은 회일 것이다!"

44. 『논어』 「공야장」 8

子謂子貢曰 女與回也孰愈 對曰
자위자공왈 여여회야숙유 대왈

賜也何敢望回 回也聞一以知十
사야하감망회 회야문일이지십

賜也聞一以知二 子曰 弗如也
사야문일이지이 자왈 불여야

吾與女弗如也
오여여불여야

공자가 자공에게 말했다. "너와 회는 누가 더 나으냐?"
(자공이) 대답했다. "제가 어찌 감히 회를 바라볼 수 있겠습니까?
회는 하나를 들으면 열을 알지만, 저는 하나를 들으면 둘을 알뿐입니다."
공자가 말했다. "그만 못하다. 나와 너는 그만 못하지."

45. 『논어』 「공야장」 3

子貢問曰 賜也何如 子曰 女器也
자공문왈 사야하여 자왈 여기야

曰何器也 曰瑚璉也
왈하기야 왈호련야

자공이 물었다. "저는 어떻습니까?"
공자가 말했다. "너는 그릇이다."
"어떤 그릇입니까?"
"제사에 쓰는 귀한 그릇이다."

46. 『논어』「위정」 12

子曰 君子不器
자 왈 군 자 불 기

공자가 말했다. "군자는 그릇과 같지 않다."

47. 『논어』「자한」 5

子畏於匡 曰 文王旣沒 文不在玆乎
자 외 어 광 왈 문 왕 기 몰 문 부 재 자 호

天之將喪斯文也
천 지 장 상 사 문 야

後死者不得與於斯文也
후 사 자 부 득 여 어 사 문 야

天之未喪斯文也 匡人其如予何
천 지 미 상 사 문 야 광 인 기 여 여 하

광땅(위나라에 속한 지역)에서 그곳 사람들에게 포위되자 공자가 말했다. "문왕께서는 이미 세상을 떠나셨지만 문명은 여기에 있지 않느냐? 하늘이 장차 이 문명을 없애려 했다면, 문왕보다 후세 사람인 나는 이 문명에 참여할 수 없었을 것이다. 그러나 하늘이 이 문명을 아직 없애려고 하지 않는다면, 광땅 사람들이 나를 어찌 하겠느냐?"

48. 『논어』「선진」 22

子畏於匡 顔淵後 子曰 吾以女爲死矣
자 외 어 광 안 연 후 자 왈 오 이 여 위 사 의

曰 子在 回何敢死
왈 자 재 회 하 감 사

공자가 광땅에서 그곳 사람들에게 포위되었다. 안연이 뒤에 오자 공자가 말했다. "나는 네가 죽었다고 생각했다." 그러자 안연이 말했다. "선생님께서 살아계신데, 제가 어찌 감히 죽겠습니까?"

49. 『논어』「위령공」 6

子曰 直哉史魚 邦有道如矢
자 왈 직 재 사 어 방 유 도 여 시

邦無道如矢
방 무 도 여 시

공자가 말했다. "곧도다! 사어(위나라 대부로 군주의 언동을 기록하던 사관)는. 나라에 도가 있어도 화살과 같았고, 나라에 도가 없어도 화살과 같았다.

50. 『논어』「헌문」 26

蘧伯玉使人於孔子
거 백 옥 시 인 어 공 자

孔子與之坐而問焉 曰 夫子何爲 對曰
공 자 여 지 좌 이 문 언 왈 부 자 하 위 대 왈

夫子欲寡其過而未能也 使者出 子曰
부 자 욕 과 기 과 이 미 능 야 시 자 출 자 왈

使乎 使乎
시 호 시 호

거백옥이 공자에게 사신을 보냈다. 공자가 그에게 방석을 주시고 물었다. "선생께서는 어떻게 지내시는가?"
사자가 대답했다. "그분께서는 당신의 잘못을 줄이려고 하십니다. 그런데 아직 그렇게 하지 못하시는 듯합니다."
사자가 나가자 공자가 말했다. "훌륭한 사자로다! 훌륭한 사자로다!"

51. 『논어』「자로」 26

子曰 君子泰而不驕 小人驕而不泰
자 왈 군 자 태 이 불 교 소 인 교 이 불 태

공자가 말했다. "군자는 너그러우며 교만하지 않고, 소인은 교만하며 너그럽지 않다."

52. 『논어』「팔일」 13

王孫賈問曰 與其媚於奧
왕손가문왈　여기미어오

寧媚於竈 何謂也 子曰 不然
영미어조　하위야　자왈　불연

獲罪於天 無所禱也
획죄어천　무소도야

왕손가가 물었다. "오(안방 신)에 아첨하기보다는 차라리 부뚜막(부엌 신)에 아첨한다고 하는데, 이는 무엇을 말하는 것입니까?"
공자가 말했다. "그렇지 않습니다. 하늘에 죄를 얻으면, 빌 곳이 없습니다."

53. 『논어』「이인」 23

子曰 以約失之者 鮮矣
자왈　이약실지자　선의

공자가 말했다. "절제하여 자신을 그르칠 사람은 적다."

54. 『논어』「옹야」 26

子見南子 子路不說 夫子矢之曰
자견남자　자로불열　부자시지왈

予所否者 天厭之 天厭之
여소부자　천염지　천염지

공자가 남자(南子)를 만나자 자로가 기뻐하지 않았다. 공자가 맹세해 말했다. "내가 만약 잘못했다면, 하늘이 나를 싫어할 것이다. 하늘이 나를 싫어할 것이다!"

55. 『논어』「위령공」 12

子曰 已矣乎 吾未見好德如好色者也
자왈　이의호　오미견호덕여호색자야

공자가 말했다. "끝났구나! 나는 아직까지 덕을 좋아하는 것을 여인을 좋아하는 것과 같이 하는 사람을 보지 못했다."

56. 『논어』「위정」 17

子曰 由 誨女知之乎 知之爲知之
자왈　유　회여지지호　지지위지지

不知爲不知 是知也
부지위부지　시지야

공자가 말했다. "유야! 너에게 안다고 하는 것을 가르쳐 주랴. 아는 것을 안다고 하고, 모르는 것을 모른다고 하는 것, 이것이 아는 것이다."

57. 『논어』「위령공」 29

子曰 過而不改 是謂過矣
자왈　과이불개　시위과의

공자가 말했다. "잘못을 저지르고서도 고치지 않는 것, 이것을 잘못이라고 한다."

58. 『논어』「술이」 22

子曰 天生德於予 桓魋其如予何
자왈　천생덕어여　환퇴기여여하

공자가 말했다. "하늘이 나에게 덕을 주셨으니, 환퇴 그가 나를 어떻게 하겠느냐?"

59. 79. 『논어』「위정」 4

子曰 吾十有五而志于學 三十而立
자왈　오십유오이지우학　삼십이립

四十而不惑 五十而知天命
사십이불혹　오십이지천명

六十而耳順 七十而從心所欲 不踰矩
육십이이순　칠십이종심소욕　불유구

공자가 말했다. "나는 열다섯에 배움에 뜻을 두었고, 서른에 자립했으며, 마흔에는 의혹을 갖지 않았고, 쉰에는 천명을 알았으며, 예순에는 귀로 들으면 잘 이해되었고, 일흔에는 마음이 하고자 하는 바를 따르더라도, 법도를 넘지 않았다."

60. 『논어』「공야장」 21

子在陳曰 歸與 歸與 吾黨之小子狂簡
자 재 진 왈 귀 여 귀 여 오 당 지 소 자 광 간

斐然成章 不知所以裁之
비 연 성 장 부 지 소 이 재 지

공자가 진나라에 있을 때 말했다. "돌아가리라! 돌아가리라! 우리 마을의 젊은이들은 뜻이 높고 크며, 아름답게 문채를 이루었지만, 그것을 재단할 방법을 모른다."

61. 『논어』「양화」 7

佛肹召 子欲往
필 힐 소 자 욕 왕

子路曰 昔者由也聞諸夫子
자 로 왈 석 자 유 야 문 저 부 자

曰 親於其身爲不善者 君子不入也
왈 친 어 기 신 위 불 선 자 군 자 불 입 야

佛肹以中牟畔 子之往也如之何
필 힐 이 중 모 반 자 지 왕 야 여 지 하

子曰 然 有是言也 不曰堅乎
자 왈 연 유 시 언 야 불 왈 견 호

磨而不磷 不曰白乎 涅而不緇
마 이 불 린 불 왈 백 호 날 이 불 치

吾豈匏瓜也哉 焉能繫而不食
오 기 포 과 야 재 언 능 계 이 불 식

필힐이 부르자 공자가 가려고 했다. 자로가 말했다. "예전에 저는 선생님께 이런 말씀을 들었습니다. 선생님께서 말씀하셨습니다. '직접 그 몸에 좋지 못한 일을 행한 자들에게 군자는 들어가지 않는다'고. 필힐이 중모 지역을 근거로 반란을 일으켰는데, 선생님께서 가시려 하는 것은 어째서입니까?"
공자가 말했다. "그렇다. 그런 말을 했었다. (그런데 이런 말도 있다) '단단하다고 하지 않겠는가? 갈아도 얇아지지 않는다면. 희다고 하지 않겠는가? 검게 물들여도 검어지지 않는다면.' 내가 어찌 뒤웅박과 같겠느냐? 어찌 매달려만 있어 먹히지 않을 수 있겠느냐?"

62. 『논어』「위령공」 1

在陳絶糧 從者病 莫能興
재 진 절 량 종 자 병 막 능 흥

子路慍見曰 君子亦有窮乎
자 로 온 현 왈 군 자 역 유 궁 호

子曰 君子固窮 小人窮斯濫矣
자 왈 군 자 고 궁 소 인 궁 사 람 의

공자가 진나라에 있을 때, 양식이 끊어져, 따르는 이들이 병들어 일어날 수가 없었다. 이에 자로가 분을 품고, 공자를 뵙고 말했다. "군자에게도 곤궁할 때가 있습니까?" 공자가 말했다. "군자는 본디 곤궁하다. 그런데 소인은 궁하면 넘치게 된다."

63. 『논어』「자로」 16

葉公問政 子曰 近者說 遠者來
섭 공 문 정 자 왈 근 자 열 원 자 래

섭공이 정치에 대하여 묻자, 공자가 말했다. "가까이 있는 사람들이 기뻐하고, 멀리 있는 사람들이 오도록 하는 것입니다."

64. 『논어』「자로」 18

葉公語孔子曰
섭 공 어 공 자 왈

吾黨有直躬者 其父攘羊 而子證之
오당유직궁자 기부양양 이자증지

孔子曰 吾黨之直者 異於是 父爲子隱
공자왈 오당지직자 이어시 부위자은

子爲父隱 直在其中矣
자위부은 직재기중의

섭공이 공자에게 말했다. "나의 고을에 정직하게 행하는 사람이 있습니다. 그의 아버지가 양을 훔치자, 자식으로서 그것을 알렸습니다." 공자가 말했다. "우리 고을의 정직하게 행하는 사람은 이와 다릅니다. 아버지는 자식을 위해서 숨겨주고, 자식은 아버지를 위해서 숨겨줍니다. 정직함은 그 속에 있습니다."

65. 『논어』「헌문」 41

子路宿於石門 晨門曰 奚自
자로숙어석문 신문왈 해자

子路曰 自孔氏
자로왈 자공씨

曰 是知其不可 而爲之者與
왈 시지기불가 이위지자여

자로가 석문에서 묵었다. 다음날 새벽 문지기가 말했다. "어디에서 왔습니까?" 자로가 말했다. "공자한테서 왔습니다"라고 했다. 문지기가 말했다. "그 안 될 줄 알면서도, 하는 사람이지요?"

66. 『논어』「미자」 6

長沮桀溺耦而耕 孔子過之
장저걸닉우이경 공자과지

使子路問津焉 長沮曰 夫執輿者爲誰
사자로문진언 장저왈 부집여자위수

子路曰 爲孔丘 曰 是魯孔丘與 曰
자로왈 위공구 왈 시노공구여 왈

是也 曰 是知津矣 問於桀溺 桀溺曰
시야 왈 시지진의 문어걸닉 걸닉왈

子爲誰 曰 爲仲由 曰 是魯孔丘之徒與
자위수 왈 위중유 왈 시노공구지도여

對曰然 曰 滔滔者天下皆是也
대왈연 왈 도도자천하개시야

而誰以易之 且而與其從辟人之士也
이수이역지 차이여기종피인지사야

豈若從辟世之士哉
기약종피세지사재

耰而不輟 子路行以告 夫子憮然曰
우이불철 자로행이고 부자무연왈

鳥獸不可與同羣 吾非斯人之徒與
조수불가여동군 오비사인지도여

而誰與 天下有道 丘不與易也
이수여 천하유도 구불여역야

장저와 걸닉이 짝을 지어 밭을 갈고 있었다. 공자가 그 곳을 지나가다 자로에게 나루터를 물어보게 했다. 장저가 말했다. "저 고삐를 잡고 있는 사람은 누구인가?" 자로가 말했다. "공구입니다." 장저가 말했다. "이 사람이 노나라의 공구인가?" 자로가 대답했다. "그렇습니다." 장저가 말했다. "이 사람은 나루터를 알고 있을 것이다." 걸닉에게 물어보자, 걸닉이 말했다. "그대는 누구인가?" 자로가 말했다. "중유입니다." 걸닉이 말했다. "노나라 공구의 제자인가?" 자로가 말했다. "그렇습니다." 걸닉이 말했다. "홍수가 세차게 흘러가듯 하는 것은 천하가 모두 그러한데 누구와 함께 그것을 바꾸겠는가? 더욱이 그대는 사람을 피하는 사람을 따르기보다는 세상을 피하는 사람을 따르는 것이 좋지 않겠느냐?" 그리고는 뿌린 씨에 흙덮기를 멈추지 않았다.

자로가 공자에게 가서 이 일을 전했더니, 공자가 실망한 모습으로 말했다. "날짐승, 길짐승과 함께 무리를 지어 살 수는 없다. 내가 이 사람들과 함께 살지 않는다면, 누구와 함께 살겠는가? 천하에 도가 있다면, 내가 바꾸려하지 않았을 것이다."

67. 『논어』「자로」 3

子路曰 衛君待子而爲政 子將奚先
자로왈 위군대자이위정 자장해선

子曰 必也正名乎 子路曰 有是哉
자왈 필야정명호 자로왈 유시재

子之迂也 奚其正 子曰 野哉由也
자지우야 해기정 자왈 야재유야

君子於其所不知 蓋闕如也 名不正
군자어기소부지 개궐여야 명부정

則言不順 言不順 則事不成 事不成
즉언불순 언불순 즉사불성 사불성

則禮樂不興 禮樂不興 則刑罰不中
즉예악불흥 예악불흥 즉형벌부중

刑罰不中 則民無所措手足
형벌부중 즉민무소조수족

자로가 말했다. "위나라 임금이 선생님에게 기대어 정치를 한다면, 선생님께서는 무엇을 먼저 하시겠습니까?" 공자가 말했다. "반드시 이름을 바로잡겠다." 자로가 말했다. "이런 것이 있습니다! 선생님이 사정에 어두우신 것은. 왜 바로잡아야 합니까?"

공자가 말했다. "경박하구나! 유는. 군자는 자기가 알지 못하는 것에 대해서는 입을 다물어야 한다. 이름이 바르지 않으면, 말이 타당하지 않게 되고, 말이 타당하지 않으면, 일이 이루어지지 않는다. 일이 이루어지지 않으면, 예악이 일어나지 않고, 예악이 일어나지 않으면, 형벌이 마땅함을 잃게 되며, 형벌이 마땅함을 잃으면, 백성들은 손발을 둘 곳이 없게 된다. 그러므로 군자가 어떤 것을 이름 지으면, 반드시 말할 수가 있고, 그것을 말하면, 반드시 행할 수가 있다. 군자는 그의 말에 구차함이 없을 뿐이다."

68. 『논어』「위정」 19

哀公問曰 何爲則民服 孔子對曰
애공문왈 하위즉민복 공자대왈

擧直錯諸枉 則民服 擧枉錯諸直
거직조저왕 즉민복 거왕조저직

則民不服
즉민불복

애공이 물었다. "어떻게 하면 백성들이 따르겠습니까?"
공자가 대답했다. "바른 사람을 등용하여 굽은 사람의 위에 둔다면, 백성들은 복종할 것입니다. 굽은 사람을 등용하여 그를 바른 사람의 위에 둔다면, 백성들은 복종하지 않을 것입니다."

69. 『논어』「위정」 1

子曰 爲政以德 譬如北辰
자왈 위정이덕 비여북신

居其所而衆星共之
거기소이중성공지

공자가 말했다. "덕으로 정치를 하는 것은 비유하자면, 북극성은 그 자리에 있지만 뭇별이 함께 받들며 돌고 있는 것과 같다."

70. 『논어』「안연」 17

季康子問政於孔子 孔子對曰
계강자문정어공자 공자대왈

政者正也 子帥以正 孰敢不正
정자정야 자솔이정 숙감부정

계강자가 공자에게 정치에 대하여 묻자 공자가 대답했다. "정치는 바르게 하는 것입니다. 당신께서 바름으로 이끈다면, 누가 감히 올바르지 않겠습니까?"

71. 『논어』「안연」 18

季康子患盜 問於孔子 孔子對曰
계강자환도 문어공자 공자대왈

苟子之不欲 雖賞之不竊
구자지불욕 수상지부절

계강자가 도둑을 근심하여 공자께 묻자, 공자가 대답했다. "만약 당신께서 욕심 내지 않으신다면, 비록 그것을 상을 주어 권한다고 하더라도, 훔치지 않을 것입니다."

72. 『논어』「안연」 19

季康子問政於孔子曰 如殺無道
계 강 자 문 정 어 공 자 왈 여 살 무 도
以就有道 何如 孔子對曰 子爲政
이 취 유 도 하 여 공 자 대 왈 자 위 정
焉用殺 子欲善而民善矣 君子之德風
언 용 살 자 욕 선 이 민 선 의 군 자 지 덕 풍
小人之德草 草上之風 必偃
소 인 지 덕 초 초 상 지 풍 필 언

계강자가 공자께 정치에 대하여 물었다. "만약 도가 없는 사람들을 죽여, 도 있는 사람에게 나아가게 한다면 어떻겠습니까?"
공자가 대답했다. "당신께서는 정치를 하고 있습니다. 그런데 어찌하여 죽이는 일을 사용하려 하십니까? 당신께서 선을 바라시면, 백성들은 선하게 될 것입니다. 군자의 덕은 바람이고, 소인의 덕은 풀입니다. 풀은 그 위에 바람을 더하면 반드시 쓰러집니다."

73. 『논어』「옹야」 9

子曰 賢哉回也 一簞食 一瓢飮
자 왈 현 재 회 야 일 단 사 일 표 음
在陋巷 人不堪其憂 回也不改其樂
재 누 항 인 불 감 기 우 회 야 불 개 기 락
賢哉回也
현 재 회 야

공자가 말했다. "훌륭하구나! 회는. 한 그릇의 밥을 먹고 한 바가지의 물을 마시며, 누추한 동네에서 사는 것을 남들은 그 근심을 견디지 못할텐데 회는 그가 즐겁게 여기는 것을 바꾸지 않는다. 훌륭하구나! 회는."

74. 『논어』「헌문」 22

陳成子弑簡公 孔子沐浴而朝
진 성 자 시 간 공 공 자 목 욕 이 조
告於哀公曰 陳恒弑其君 請討之
고 어 애 공 왈 진 항 시 기 군 청 토 지
公曰 告夫三子 孔子曰
공 왈 고 부 삼 자 공 자 왈
以吾從大夫之後 不敢不告也 君曰
이 오 종 대 부 지 후 불 감 불 고 야 군 왈
告夫三子者 之三子告 不可 孔子曰
고 부 삼 자 자 지 삼 자 고 불 가 공 자 왈
以吾從大夫之後 不敢不告也
이 오 종 대 부 지 후 불 감 불 고 야

제나라 대부 진성자(진항)가 제나라 군주 간공을 시해했다. 공자가 목욕하고 조회하여, 애공에게 말씀을 올렸다.
"진항이 그의 임금을 시해했습니다. 그러니 그를 토벌하기를 청합니다."
그러자 애공이 말했다. "저 세 사람(노나라 실권자 맹손, 숙손, 계손)에게 말하시오."
공자가 말했다. "나는 대부반열의 끝자리에 있기 때문에 감히 말씀드리지 않을 수 없었다. 그런데 임금께서 '저 세 사람에게 말하라'고 하신다."
세 사람에게 가서 고하더니 그들이 안 된다고 하자, 공자가 말했다.
"나는 대부반열의 끝자리에 있기 때문에 감히 말씀드리지 않을 수 없었다."

75. 『논어』「선진」 8

顔淵死 子曰 噫 天喪予 天喪予
안 연 사 자 왈 희 천 상 여 천 상 여

안연이 죽자, 공자가 말했다. "아아! 하늘이 나를 망치시는구나! 하늘이 나를 망치시는구나!"

76. 『논어』「안연」 7

子貢問政 子曰 足食 足兵 民信之矣
자공문정 자왈 족식 족병 민신지의

子貢曰 必不得已而去 於斯三者何先
자공왈 필부득이이거 어사삼자하선

曰 去兵 子貢曰 必不得已而去
왈 거병 자공왈 필부득이이거

於斯二者何先 曰 去食 自古皆有死
어사이자하선 왈 거식 자고개유사

民無信不立
민무신불립

자공이 정치에 대해 묻자 공자가 말했다. "먹을 것을 풍족하게 하는 것, 군비를 충실히 하는 것, 백성들이 믿는 것이다."
자공이 말했다. "만약 어쩔 수 없어서 버려야 한다면, 이 셋 중에서 어느 것을 먼저 해야 하겠습니까?"
공자가 말했다. "군비를 버려라."
자공이 말했다. "만약 어쩔 수 없어서 버려야 한다면, 이 둘에서 어느 것을 먼저 해야 하겠습니까?"
공자가 말했다. "먹을 것을 버려라. 옛날부터 누구에게나 죽음은 있었다. 그러나 백성들이 믿지 않으면 나라가 제대로 설 수가 없다."

77. 『논어』「선진」 11

季路問事鬼神 子曰 未能事人
계로문사귀신 자왈 미능사인

焉能事鬼 敢問死 曰 未知生 焉知死
언능사귀 감문사 왈 미지생 언지사

계로가 귀신을 섬기는 것에 대하여 여쭙자, 공자가 말했다. "아직 사람을 섬기지도 못하는데, 어떻게 귀신을 섬길 수 있겠느냐?"
"감히 죽음에 대하여 여쭙겠습니다."
공자가 말했다. "아직 삶도 알지 못하는데, 어떻게 죽음을 알겠느냐?"

78. 『논어』「자한」 16

子在川上曰 逝者如斯夫 不舍晝夜
자재천상왈 서자여사부 불사주야

공자가 냇가에 있으면서 말했다. "흘러가는 것은 이와 같도다! 낮에도 밤에도 멈추는 일이 없다."

79. 『논어』「술이」 5

子曰 甚矣 吾衰也 久矣
자왈 심의 오쇠야 구의

吾不復夢見周公
오불부몽견주공

공자가 말했다. "심하구나! 내가 노쇠해진 것이. 오래되었구나! 내가 다시는 꿈에서 주공을 뵙지 못한 것이!"

80. 『논어』「위정」 4

七十而從心所欲 不踰矩
칠십이종심소욕 불유구

일흔에는 마음이 하고자 하는 바를 따르더라도, 법도를 넘지 않았다.

81. 『논어』「이인」 8

子曰 朝聞道 夕死可矣
자왈 조문도 석사가의

공자가 말했다. "아침에 도를 들으면, 저녁에 죽어도 좋다."

참고 문헌

이장우, 박종연 옮김,『논어역주』(대구:중문출판사, 2002)
김도련 지음,『주주금석 논어』(서울:웅진지식하우스, 2015)
김용옥 역주,『논어한글역주』1 - 3 (서울:통나무, 2008)
김학주 옮김,『논어』(서울:서울대학교출판부, 2009)
김형찬 옮김,『논어』(서울:홍익출판사, 2009)
리링 지음, 김갑수 옮김,『길 잃은 개』1 - 2 (파주:글항아리, 2012)
리쩌허우 지음, 임옥균 옮김,『논어금독(論語今讀)』(서울:북로드, 2006)
미야자키 이치사다, 박영철 옮김,『논어』(서울: 이산, 2001)
성백효 저,『현토신역 부안설 논어집주』(서울:한국인문고전연구소, 2013)
박성규 역주,『대역 논어집주-주희와 제자들의 토론』(서울:소나무, 2011)
박유리 역해,『논어상해-논어 깊게 읽기』(서울:문사철, 2013)
배병삼 주석,『한글세대가 본 논어』1 - 2 (파주:문학동네, 2002)
신정근 옮김,『공자씨의 유쾌한 논어』(파주:사계절, 2004)
심경호 옮김,『논어』1 - 3 (서울:민음사. 2014)
이강재 옮김,『논어』(파주:살림, 2011)
이기동 역해,『논어강설』(서울:성균관대학교출판부, 2005)
임옥균 역주,『논어』(서울:삼양미디어, 2015)
신동준,『공자와 천하를 논하다: 공자와 그의 제자들 1』(파주:한길사, 2007)
정인생, 장순용 옮김,『공자연의』상·하 (서울:들녘, 2000)
바오펑산, 하병준 옮김,『공자인생강의』(서울:시공사, 2011)
시라카와 시즈카, 장원철, 정영실 옮김,『공자전』(서울:펄북스, 2016)
요시카와 고지로, 조영렬 옮김,『공자와 논어』(서울:뿌리와이파리, 2006)
안핑칭, 김기협 옮김,『공자평전』(서울: 돌베개, 2010)
윤내현,『상주사商周史』(서울:민음사, 1984)
加地伸行,『孔子画伝:聖蹟図にみる孔子流浪の生涯と教え』(東京:集英社, 1991)
江連 隆,『孔子と論語の事典』(東京:大修館書店, 1996)
張岱年 主編,『孔子大辭典』(上海:上海辭書出版社, 1997)
좌구명, 신동준 옮김,『춘추좌전』1 - 3 (파주:한길사, 2006)

작가의 말

공자를 접하기 전에는 나 또한 남들만큼 그에 대해 아는 바가 없었다. 그리고 공자의 유교란 한국의 고질적 권위주의, 서열주의에 근원을 제공했던 사상이 아닌가하는 좋지 않은 선입견을 가지고 있었던 것도 사실이다. 그러나 이 책을 집필하기 위해 유가사상 전공자인 임종수 선생님께 무려 2년간 2주일에 한 번씩 강의를 듣고 또 많은 관련 책들을 읽고 난 다음에는 그렇지 않다라는 것을 알게 되었을 뿐더러, 공자가 어떤 생각을 갖고 어떤 인생을 살아왔는지 분명히 우리가 알아야 할 사람이라는 확신까지 들었다. 그 이유는 첫째, 공자는 우리가 가지고 있는 도덕, 윤리의식의 틀을 마련한 사상가란 점이다. 유교는 오늘날의 우리에게도 여전히 정신적 사유의 흐름에 지대한 영향을 주고 있다. 특히 '과유불급, 극기복례, 살신성인, 온고지신'등과 같은 익숙한 사자성어가 전부『논어』에서 나온 표현들이다. 따라서 우리가 학습에 의해 순순히 받아들였던 많은 진리들의 본연을 알고 짚어볼 필요가 있는 것이다.

둘째, 공자에 대해서 잘못된 선입견을 깨뜨리기 위해서다. 그는 결코 권위적이지도 않았고 충효를 융통성 없이 목숨처럼 강조한 사람은 더더욱 아니었다. 오히려 윗사람이 윗사람으로서 제대로 대우를 받으려면 먼저 모범을 보이는 것이 더 중요하다고 말하던 사람이다. 사후 2,500여 년이 지난 지금까지도 동북아시아의 정신세계에 깊은 영향력을 행사하는 분의 정체는 적어도 요즘말로

'꼰대스러운' 사람이 아니다. 그럼에도 불구하고 현실은 꼰대스러운 분들이 공자, 맹자를 자신의 입장의 합리화를 위해 가져다 쓰고 있다. 이 분들께 공자는 결코 당신들 같은 사람과는 차원이 다르다?는 논리를 펼치기 위해서라도 우리는 공자를 우리의 무관심 속에서 건져 내어야 한다.

셋째, 공자는 충분히 존경하고 닮아가고 싶은 사람이다.

특히 그는 아는 것과 말과 행실의 일치를 강조했으며, 또 자신이 그렇게 평생을 살았다. 말만큼 행실이 못 따르는 사람들이 얼마나 많은가? 또한 그는 나이가 들수록 수준과 깨달음의 경지가 점차 깊고 커져 갔다. 오늘날 대부분의 사람들은 나이가 들고 늙어 갈수록 사고는 좁아지고 아집과 독선만 커진다. 그러나 늘 배움을 좋아하고 아침에 도를 깨우치면 저녁에 죽어도 좋다고까지 하신 그 분은 결코 사고의 제자리걸음이나 퇴보를 스스로가 용납하지 않았다. 그런 면이 존경스럽고 닮아가고 싶다.

『논어』는 공자가 말한 시간의 흐름대로 순서가 배열되어 있지가 않고 앞뒤가 두서없이 뒤섞여 있는 책이다. 내용 자체는 그리 어렵진 않은데, 공자 일생의 흐름을 대충이라도 파악하고 있지 않다면 어떤 심정에서 왜 이런 말을 했는지를 알지 못해 이해하기 곤란한 부분이 많다. 그래서 나는 이 책을 공자의 일생 여정으로 풀어가면서 그려나갔다. 그리고 공자가 처한 상황에 맞춰 표현했을 법한 구절들을 빼내어 끼워 맞추는 방식으로 표현했다. 이렇게 하는 것이 기존에 출간된 『논어』를 거의 있는 그대로 옮겨서 그린 만화들보다 훨씬 『논어』에 대한 이해도를 높일 수 있다고 본다. 그리고 아무래도 고전이라 재미적인 측면이 약할 것 같아 '양화'나 '남자'같은 캐릭터에 좀 더 극적인 픽션을 가미했다.

보이지 않는 곳에서 정직하게 살아가는 사람들이 바보가 되는 세상이다. 올바른 가치들이 무너지고 잘못된 것들이 부끄러움을 잃고 뻔뻔하게 활개 치는 세상이다. 이런 우리의 현실과 흡사한 중국의 춘추시대에서 공자는 어떻게 인생을 살아나가야 할 것인가에 대한 나름의 답을 가지고 분명하게 살아갔던 사람이다. 아무쪼록 이 만화가 독자들에게 21세기에도 여전히 살아 숨쉬는 공자의 소중한 진리와 이어주는 끈이 되었으면 한다. 이 책의 출간을 위해 물심양면으로 도와주신 문사철 출판사 김기창 대표님, 『논어』 이해에 큰 도움을 주신 임종수 선생님, 책편집에 고생하신 정신영님, 최은경님께 진심으로 감사의 말씀을 전한다.

김경일

감수의 말

인터넷에서 『논어』를 검색하면 무수한 책이 나옵니다. 전문서적에서 소설, 동화, 만화에 이르기까지, 장르도 다양합니다. 반가운 현상이면서 흔해진 만큼 『논어』의 귀한 가치가 흐려질까 저어될 정도입니다. 그러나 풍요속의 빈곤은 경계하되 『논어』에 대한 다양한 해석과 읽을거리가 많아진 것을 보면서 고전이란 끊임없이 재해석되는 책이라는 사실을 실감하게 됩니다. 새삼 『논어』를 찾는 동시대인들의 목마름이 무엇일까 생각하게 됩니다.

기존의 만화로 그려진 『논어』를 보면 학습만화가 주류입니다. 그러나 작가 김경일은 이와 달리 『논어』의 말과 공자의 일생을 한편의 드라마처럼 구성해 녹여냈습니다. 때문에 작가 김경일의 『만화로 만나는 논어』에는 공자의 '인생'이 담겨 있습니다. 공자는 무엇보다 정열의 인간이었습니다. 폭력과 전쟁의 시대, 사랑과 평화의 가치를 끌어안고 자신과 세상의 변화를 위해 분투했습니다. 배움을 향한 끊임없는 열망 속에서 울고 웃고 삶을 긍정하기도 하고 부정하기도 했습니다. 하늘을 원망하기도 하고 사람을 원망하기도 했습니다. 실수도 하고 허물도 있었습니다. 음악을 너무도 사랑했고, 제자들에 대한 애정도 한없이 깊었습니다. 또한 그에게는 사람에 대한 사랑과 공경의 마음도 가득했습니다. 노년에는 하늘과 사람을 원망하지 않고 자신이 걸어온 길에 대한 믿음을 토로

했습니다. 그가 이 세상에 사람다움을 구현하려고 한 열망의 여정은 사람에 대한 믿음이 있었기에 가능했습니다. 마침내 그는 다른 사람이 알아주지 않아도 성내지 않는 군자다움의 덕을 성취했습니다.

이 책에는 바로 그러한 공자의 '인간'이 들어 있고, 그와 어울리고 헤어졌던 춘추시대의 인간군상이 생생하게 그려져 있습니다. 자신만의 독자적인 세계를 일궈온 작가 김경일. 연재와 작품집마다 독자들의 뜨거운 사랑과 주목을 받고 있는 그가 자신이 가슴으로 만난 공자를 그려냈습니다. 단순히 공자를 사실적으로만 복원하려고 하지 않았습니다. 때문에 그의 작가적 상상력과 역량이 작품 곳곳에 살아 숨쉬고 있습니다. 작가는 저와 2년 가까이 『논어』를 읽고 토론하며 공자의 이모저모를 살피고, 춘추시대의 문화와 문물, 역사를 공부했고, 오늘 우리가 살아가며 겪는 삶의 문제들을 공자의 시대와 비교하며 고민했습니다.

그의 붓끝으로 그려진 공자와 동시대인의 만남! 우리는 그의 작품 속에서 나이를 불문하고 공자의 유년에서 청장년과 노년에 이르는 긴 시간을 경험하며 그 안에서 변화해가는 공자와 우리 자신을 발견할 수 있을 것입니다. 물론 우리는 공자와 우리 사이에 놓인 2,500여 년의 시간과 공간의 차이를 경험할 수 밖에 없습니다. 그러나 놀랍게도 그 차이를 넘어 인간이란 참 변하지 않는 모습도 있구나라는 친근감으로 즐거워하고, 경악으로 소름이 돋기도 할 것입니다.

모쪼록 독자 여러분에게 작가 김경일이 그려낸 공자와 그의 시대가 오늘날의 우리와 세상을 새롭게 다시 만나는 계기가 되기를 간절히 바랍니다.

임종수 삼가 씁니다.

김경일

1973년 출생. 동국대학교 미술학과 서양화전공 졸업.
어릴때부터 화가와 만화가의 꿈을 가지고 있었으나 결국 만화가로 꿈을 결정. 2000년 서울문화사 만화공모전(빅점프)에서 당선했으나 이미 문화일보 미술부 기자로 입사한 후라 전업만화가의 길은 보류하고 당분간 직장생활을 경험해 보자며 다닌 것이 8년. 그 후 미련없이 사직서를 쓰고 나와 전업만화가의 길을 걷고 있다.
2003년 동아LG국제만화공모전 극화부문 장려상을 수상하였다.
연재 후 출간작품으로는 『요괴의 집』(2007), 『괴기목욕탕』 1 - 2(2009), 『달콤한 제국 불쾌한 진실』(2015)이 있고 출간되지 않은 연재작품으로는 「68단계」, 「괴담패설」이 있다. 기괴한 상상력을 무기로 오늘도 세상의 부조리함을 꿰뚫어내는 작업에 힘쓰고 있다.

임종수

1972년 서울 종로생. 감리교신학대학교 종교철학과를 졸업, 같은 학교 신학대학원에서 수학했다. 민족문화추진회 국역연수원(현 한국고전번역원)을 졸업, 성균관대학교 대학원에서 석사, 같은 학교 동아시아학술원에서 동양철학으로 박사학위를 받았다. 한국연구재단 고전번역과제『사고전서총목제요(四庫全書總目提要)』공역 참여. 성균관대학교 동아시아학술원 BK21 박사 후 연구원, 같은 대학교 동아시아학술원 유교문화연구소 책임연구원을 지냈다.
㈜인문예술연구소 회원, ㈜인문결연구소 학술이사로 있고, 현재 성균관대학교 인성교육센터 초빙교수, 감리교신학대학 외래교수로 강의. 대안연구공동체와 도서관, 복지회관, 문화센터 등에서 동아시아 고전과 인문학을 나누며 강동구 마을독서모임 온지서원(溫知書院)에서 함께 책을 읽고 있다.
논문으로 「임조은(林兆恩)의 도일교삼론(道一敎三論)」, 「임조은의 종교사상 연구: 삼합일론을 중심으로」, 「『적송자중계경(赤松子中戒經)』에 나타난 조명(造命)의 의미」등이 있고, 저서로『종교 속의 철학, 철학 속의 종교』(공저), 『문명이 낳은 철학, 철학이 바꾼 역사 1』(공저), 『충연재 이정배의 한국적 생명신학을 논하다』(공저), 엮은 책으로『논어쓰기[論語筆寫]』가 있다.